À PIED DANS LE SAHARA

Mon voyage dans le Grand Erg oriental

Collection AILE ET ENVOL

Béatrice MONGE

À PIED DANS LE SAHARA

Récit de voyage

COLLECTION **AILE ET ENVOL**

© 2021 **Béatrice Monge**
Édition : BoD – Books on Demand,
12/14 rond-point des Champs-Élysées,
75008 Paris
Impression : BoD - Books on Demand,
Norderstedt, Allemagne

Illustration de couverture :
© Taryn Ashleigh Elliott

ISBN : 9 782322 376698
Dépôt légal : juin 2021

À tous les amoureux
du Grand Erg oriental
et à tous ceux qui rêvent d'y aller.

Parler du désert,
ne serait-ce pas d'abord
se taire comme lui,
et lui rendre hommage
non de nos vains bavardages,
mais de notre silence ?

Lao Tseu

INTRODUCTION

Depuis l'âge de vingt ans, âge où mon expérience professionnelle en tant qu'agent de réservation dans des tour-opérateurs parisiens a débuté, visiter des contrées lointaines est un désir primordial pour moi.

Et pourtant, je voyage peu. Tout le paradoxe tient dans ces quelques mots. Mais « peu » signifie que je me suis tout de même rendue dans quelques pays. Et surtout que je les ai appréciés au point d'avoir envie d'en conserver un souvenir.

Ce récit d'une randonnée dans le désert tunisien représente un de mes plus plaisants périples. Dès l'annonce de mon départ en 2004, j'avais décidé de rédiger un témoignage, et ce d'autant plus qu'un atelier d'écriture était prévu pour les participants.

Je désirais garder une trace de mes ressentis et de tout ce que je découvrirai et percevrai.

Ainsi le voici, après tant d'années, il exists enfin.

Cette expédition, préparée par une association française et une agence de Douz était très bien organisée et élaborée pour l'entière satisfaction des 17 touristes et animateurs du groupe.

Nos chameliers, au nombre de quatre, étaient des guides professionnels qui connaissaient très bien cette partie du Sahara. C'est pour cette raison qu'ils avaient été choisis pour nous accompagner.

Nous n'avions plus qu'à nous émerveiller devant toutes les beautés offertes par le désert sans nous inquiéter d'une potentielle privation, même si on nous rationnait de temps en temps l'eau potable.

Notre itinéraire comportait, depuis l'île de Djerba, les villages de Matmata et de Douz, une petite partie du gigantesque espace de dunes et de sable fin appelé le Grand Erg oriental et enfin l'oasis de Ksar Ghilane.

Cette expérience m'a aidée à mettre de côté ce qui m'empêchait de me sentir en harmonie totale avec mon « moi » timide et rempli de questions et de doutes.

C'est reposant pour l'esprit. Ça le purifie.

Cet état de sérénité a duré pendant les semaines qui ont suivi mon retour.

On peut donc dire que je n'étais plus tout à fait la même quand je suis rentrée en France.

Philosophe, calme, rien ne pouvait me perturber.

À travers ce récit descriptif, fictionnel et poétique, vous découvrirez cette mystérieuse région du monde, si proche et en même temps si éloignée de notre culture occidentale.

Vous ferez la connaissance de nos formidables chameliers et avec nous, vous les admirerez pour leur simplicité et leur beauté.

Ainsi, mes très chers lecteurs, je vous souhaite un merveilleux voyage en ma compagnie et un grand plaisir à marcher dans mes pas d'aventurière.

♥ Belle lecture ♥

DANS LE SUD TUNISIEN

Des étendues plates et rocailleuses, des rangées entières d'oliviers bien alignés, des palmiers dattiers aux grandes et élégantes feuilles pennées, un sol à peine rosé parsemé çà et là de petits espaces verdoyants. J'observe tout cela depuis l'intérieur de la voiture qui nous transporte vers Douz, vaste oasis gardienne du Grand Erg, appelée la *Porte du Sahara*.

Tout à coup, en un éclair, j'aperçois au milieu de cette succession de tableaux, une femme recouverte d'une Melhfa, robe traditionnelle des Djerbiennes, assise à l'ombre d'un mur fabriqué en terre locale, la paroi de sa maison probablement.

À son dos courbé, à l'inclinaison de sa tête, à ses yeux dirigés vers le lointain, je l'imagine comme cela, dans cette position depuis des heures, voire des jours ou des mois. Elle rêve. Mais à quoi peut-elle songer ?

Et cet homme, debout sur un tapis de cailloux avec une fourche dans les mains, que cherche-t-il à faire germer ? Et cet autre, avec son bidon vide et son air égaré, où va-t-il ?

> Au milieu de ces bruits, c'est le silence.
> J'observe ce silence et le souffle du vent
> qui effleurent les épaules, les nuques
> et caressent des fragments
> de peau sur leur passage.
> J'entends mon cœur, il bat trop vite,
> mes tempes cognent trop fort.
> Je respire pour faire cesser ces sons incongrus
> qui se déchaînent dans ma poitrine.
> J'avale une grande bouffée d'air
> et la rejette quelques instants après.
> Je crois par-là me délivrer de mes émotions,
> amplifiées pour l'heure par ma présence
> dans ce véhicule qui fonce dans la poussière
> du sud de la Tunisie.
> Mais non, rien n'y fait !

Sans aucun signe ou avertissement du chauffeur, et alors que chacun se laisse envahir par la torpeur, nous nous arrêtons pour une pause. L'endroit n'est, à mon avis, pas choisi au hasard. Une fontaine en pierre dans laquelle est posé un seau en plastique, seau vide me semble-t-il, incite à s'approcher, à regarder l'eau couler, à en toucher, à en boire même. Cette fontaine, ce petit seau blanc, la possibilité que ce liquide primordial puisse jaillir ici, tout à coup, m'apparaissent magiques au milieu de cette aridité.

Je tourne autour, je l'examine de plus près, pas la moindre goutte !

Je lève les yeux, la nature luxuriante nous invite à courir vers elle et à effleurer l'herbe autour des oliviers. Les palmiers dattiers sont répartis en allées sur toute la colline. Cette source de vie, qui fournit à la population des baies très sucrées, des fibres pour tisser des cordes, des feuilles pour tresser des paniers et des troncs pour fabriquer des poutres, est capitale.

À présent, j'en suis persuadée, l'eau coule dans cette fontaine.

Puis nous sommes repartis et le décor s'est vite transformé. De près ou de loin, plus aucun arbre ne se montre. On peut voir uniquement des touffes d'herbes rases et des graminées jaunes.

C'est la steppe à anthyllis, le paysage dominant de cette région présaharienne.

De temps en temps toutefois, on aperçoit un groupe de maisons blanches ou ocres, une cahute pas terminée, quelques pierres posées l'une sur l'autre et une personne devant un amas de cailloux.

Dans le 4x4 qui me transporte vers le Grand Erg, la chaleur est étouffante.

Le conducteur est un jeune tunisien de Douz. Il conduit très vite, mais je me sens en sécurité avec lui. Il fait très professionnel, sérieux et capable d'affronter tous les problèmes et obstacles les plus pointus.

Mais aucune complication ne survient et nous traversons les prairies avec des brebis en liberté ou des dromadaires dans des enclos. Puis viennent les maisons, les plantations, les espaces cultivés, les vergers, les hameaux avec leurs venelles étroites et poussiéreuses, leurs grenadiers, leurs boutiques, leurs parasols et les Tunisiens installés aux terrasses de café, en observateurs éblouis.

On voit beaucoup d'hommes et peu de femmes dans les rues des villages. Ils sont jeunes et vieux, souriants, riants et décontractés. Ici, c'est comme si la vie et tous ses plaisirs n'existaient qu'à l'extérieur, dans le partage, la discussion et autour de tables remplies de verres et d'assiettes bien garnies.

Je suis secouée au dernier rang de cette Jeep et les sept touristes assis devant mon siège le sont tout autant que moi. Le destin nous a réunis pendant sept jours et six nuits et durant ce laps de temps, nous ne nous quitterons plus. Qu'adviendra-t-il de ce groupe après ce voyage ?

Rien certainement. Chacun repartira de son côté, reprendra ses activités et oubliera l'autre, peu à peu.

Le conducteur a allumé sa radio et a introduit une cassette dans le lecteur, des sons arabes rythmés et dansants très entraînants.

Nous écoutons et nous sautons en mouvements saccadés et désordonnés, à deux doigts de défoncer le plafond et les sièges de ce 4x4 qui ne redoute rien.

— Musique égyptienne, nous affirme-t-il dans un français incertain.

Sur ma gauche, la chaîne montagneuse du *Jebel Dahar* se rapproche. Sur ses flancs, des terrasses, des champs de céréales, des oliviers et des figuiers sont aménagés dans les lits des oueds. On aperçoit un troupeau de brebis au loin. Plus près, un homme tente d'arracher de ce sol stérile quelques cultures maraîchères. Une femme drapée dans son costume aux couleurs vives et aux motifs géométriques garde du petit bétail, non loin de lui.

Écrire m'est difficile, la route caillouteuse nous bouscule, mais je continue à décrire ce que je vois tant que la pointe de mon stylo parvient à toucher le papier.

Nous allons passer à côté de Matmata, un village troglodyte. Le conducteur nous a avertis, et au ton enjoué de sa voix, j'ai compris que c'était un site exceptionnel. Nous devions en retenir le nom.

Je suis étonnée de la diversité des demeures aperçues tout au long des chemins et même du luxe de quelques-unes d'entre elles.

Certaines, minuscules, d'architecture sobre et d'un brun naturel se confondent avec la terre. D'autres, spacieuses et très blanches, sont agrémentées de volets et de portes bleues. Les toits, quant à eux, sont surmontés de coupoles ou de fenêtres taillées en rond ou en ogive.

Le plus étrange, c'est de découvrir de magnifiques décorations sur des maisons après des kilomètres de piste où aucune vie ne semble exister. Tout de suite après, l'étonnement se renforce lorsqu'on remarque des tentes plantées sur le sol caillouteux, tentes sous lesquelles je devine la présence de familles entières, cohabitant dans un espace réduit ouvert à toutes les intempéries.

Quelques abris misérables bordent le sentier. Trois ou quatre enfants, dès qu'ils nous voient, courent vers les véhicules en agitant bras et mains et en nous offrant de larges sourires. À chaque fois, le conducteur klaxonne et répond d'un signe amical.

Nous, nous réagissons aussi à leurs saluts cordiaux avec beaucoup d'enthousiasme. Mais très vite, ils disparaissent et je recommence à étudier le paysage dont rien ne vient plus troubler la ligne continue.

La femme devant moi s'endort. Sa tête tombe de tout son poids comme un boulet que rien ne retient, son dos s'affaisse, sa respiration devient bruyante. Moi je préfère, malgré le surmenage de ces dernières heures, observer les reliefs à gauche et à droite. Contempler les collines et les promontoires tour à tour violets ou mauves, les brèches et les fossés, les crevasses et les fissures, et de loin en loin quelques habitations troglodytiques creusées dans les roches tendres.

Nous bifurquons et empruntons à présent une large piste que nous ne quitterons que lorsque nous arriverons à notre rendez-vous avec les chameliers, mais auparavant, on nous a réservé une petite surprise.

C'est un arrêt, un répit dans notre course vers le désert et les dunes de *Toul Rebaïa*. C'est une interruption pour visiter un habitat composé d'une cour intérieure et d'une multitude de pièces creusées dans la pierre.

Une place ouverte et ronde est le point central de ce lieu de vie. La clarté y est aveuglante et la chaleur excessive pour un mois de mars. On peut y entrevoir quatre à cinq pièces au rez-de-chaussée et un escalier en argile qui mène à des salles plus en hauteur.

Je m'assieds sur l'unique banc en terre et pose la tête contre le mur derrière moi.

Une vieille dame, à trois pas de moi, est installée sur le sol, les jambes repliées sous elle, à l'ombre et au frais dans une minuscule ouverture de la paroi taillée, on le croirait, juste pour elle. Elle mélange de la farine et de l'eau avec application.

Certaines de mes compagnes de route la prennent en photo et d'autres lui parlent ou bien lui sourient. Moi, je me contente de l'observer en biais, avant de fermer les yeux et de laisser les couleurs du soleil pénétrer mes paupières.

Dans une des pièces, une jeune fille offre le thé dans de minuscules verres cisaillés. J'y entre et la température immédiatement me fait frissonner.

La salle, nue, blanche et étroite ressemble à une cave repeinte la veille. La jeune femme, silencieuse, semble inabordable. Tout à son travail d'hôtesse, elle évite nos regards. Pourquoi ? Se trouverait-elle trop différente de nous ? Ou est-ce simplement de la timidité et remplit-elle sa tâche en toute discrétion ?

Je sors. En quelques minutes, mon œil parcourt les alentours. Pas d'arbres, pas de fleurs, je ne respire que de la poussière. Je quitte alors le groupe pour chercher une vie derrière chaque caillou, le plus petit souffle dans chaque buisson, des gazouillis dans le ciel, mais je n'aperçois rien, ou tellement peu.

Je marche autour des bâtisses pour m'imprégner de l'ambiance, mais nous devons déjà repartir.

Je descends alors la côte, lentement, comme à regret, et me retourne pour entrevoir une dernière fois les tanières asphyxiées de chaleur. Rien ne bouge, tout est figé.

Une fois de plus, je me laisse entraîner par le chauffeur qui slalome entre les vagues épaisses et tendres du sable. La joie des femmes autour de moi me ravit. Elles gloussent, elles sont excitées.

Puis elles finissent par se calmer, car c'est bientôt l'heure de déjeuner, je note en lisant l'heure sur ma montre.

Accueillis dans une demeure qui ressemble comme une sœur à la précédente, les maîtres des lieux nous invitent, avec tous les gestes et saluts d'usage, à nous asseoir autour d'une table dressée pour notre groupe.

La salle, étroite et fraîche nous glace le sang, mais nous n'y prêtons guère attention.

Bien entendu, comme c'est mon premier repas pris dans cette région, je déguste la sauce ultra pimentée qu'habituellement je ne goûterais pas.

Et je savoure la soupe, la brique à l'œuf, le couscous et le calorique dessert au miel que d'ordinaire je refuserais.

Les palmiers dattiers et les herbes, les cailloux et les petites fleurs bleues, je ne les vois plus. Douz se trouve encore à deux heures de piste, c'est long, c'est loin et c'est lassant. Le Grand Erg, s'il se rapproche, je ne le sens pas et ne le palpe pas, même dans mon attente fiévreuse.

LA PALMERAIE DE DOUZ

Hier, nous sommes restés longtemps dans le village de Douz avant de rejoindre notre hôtel et la palmeraie qui l'entoure.
Cette petite cité est décontractée avec ses cafés où l'on peut boire le thé et observer les passants assis à une terrasse de la place carrée bordée d'arcades. On y trouve des boutiques avec des tapis façonnés à la main, de la vaisselle décorée, des centaines de mosaïques, des paires de sandales sahariennes, des charrettes, des vélos et des ânes.
Ici, tout se marchande et se négocie.

Nous nous sommes promenés deux longues heures et nous voulions tout voir, tout savoir et tout humer. Car dans ce lieu subsistent les traditions, les très vieux breaks et les costumes tribaux fabriqués avec des tuniques flottantes, c'est-à-dire de larges capes en laine ou en poil de chameau.

Ici, pour la première fois depuis mon arrivée, je me retrouve dans une ville du Maghreb, une ville de terre et de sable, de maisons blanches et grises, de ruelles étroites et sinueuses, de places et de recoins sombres.

L'activité y grouille, les senteurs pimentent les étals et la musique arabe joue au fond des cours. Dans les alimentations, les bouteilles d'eau minérale sont exposées en grosse quantité, et par crainte d'en manquer, tout le monde en a acheté beaucoup, à la grande joie du commerçant qui nous a remerciés avec vigueur.

L'autre visage de Douz, celui qui inquiète les habitants, c'est le sable qui se dépose dans chaque parcelle ou dans chaque rue.

Le désert avance, alors ils tentent de le repousser en plantant des palmeraies géantes.

C'est la sécheresse qui devient chaque année pour eux plus prégnante, plus angoissante.

À Douz, tout se ralentit sous ce sable, et le touriste, dans sa frénésie, n'en remarque que la beauté et n'en ressent que les bienfaits. Aucun bruit de klaxon, aucune voix forte ne vient perturber le calme ambiant. Aussi, quand nous apprenons que nous devons patienter une heure avant de partir pour rejoindre les chameliers, nous en profitons pour visiter ce village une ultime fois.

J'ai même le temps de dire un dernier salut au Tunisien à qui j'ai acheté un chèche couleur beige et de discuter avec lui de la guerre imminente en Irak. Cette guerre, m'affirme-t-il, lui fait peur pour les possibles conséquences dramatiques qu'elle peut entraîner sur la tranquillité dans le monde. Il est tendu en prononçant ces mots. « Moi aussi », je réponds.

Il m'a regardée avec un gentil sourire et des yeux tristes. « Bon voyage dans le désert. Le désert est paix », a-t-il répété plusieurs fois en agitant son bras dans ma direction.

Dire tout ce que je vis dans ce voyage est délicat, je dois m'en tenir à quelques moments et à quelques endroits. Car dans cette voiture qui s'enfonce dans le lointain toutes fenêtres grandes ouvertes, le sable pénètre comme chez lui, se dépose sur chaque surface et surtout sur mon carnet.

Il se colle au stylo et se mélange à l'encre.

Les bosses et les trous dans la piste, quant à eux, ne permettent pas non plus de griffonner un seul mot.

Tout cela finit par avoir raison de mon entêtement. Je range mon petit matériel. Je n'écris plus.

L'ARRIVÉE DANS LE DÉSERT

Nous sommes enfin, après deux heures de mauvaise piste, de vilaines ornières et de petites collines, parvenus à notre point de rendez-vous principal.

Deux heures où nous n'avons fait que rebondir et sauter, incapables que nous étions de rester assis sur nos sièges.

Installée sur la banquette de la dernière rangée, la plus haute et la plus inconfortable de toutes, j'ai même cru que j'allais transpercer avec ma tête, transformée pour l'occasion en obus, le plafond du 4x4. Mais non, je me suis juste cognée méchamment.

Au loin, je distingue une caravane suspendue dans l'air saturé de particules. Des personnages nous attendent, des dromadaires aussi, immobiles comme dans une image aperçue pour la première fois.

Le sable brûle mes paupières, mais qu'importe, l'instant de la rencontre tant espérée avec le Grand Erg oriental est arrivé.

Nous sommes enfin arrivés au campement.

Laissant derrière nous les véhicules, nous nous éparpillons un peu partout autour des quatre chameliers, sans savoir où nous poser.

L'ambiance du lieu m'impressionne fortement.

Des choses que je vis, de la voiture, de la vitesse, de la musique, de la foule, nous sommes passés presque sans transition au silence et à l'insolite avec ces chameliers sortis tout droit de contes berbères.

Autour de moi, au loin, rien n'arrête mon œil.

Plus près, une toile brune et épaisse est tendue grâce à quelques bouts de bois récupérés. Assez basse, nous ne pouvons pas tenir debout. Fixée dans le sable, je suppose qu'ils l'ont installée pour nous abriter du vent.

Nos guides s'affairent. Ils descendent nos sacs lourds et volumineux des voitures, tandis que les uns et les autres, nous nous efforçons d'enrouler nos chèches colorés autour de la tête.

Certains y parviennent très vite, ils se sont déjà entraînés, d'autres doivent s'y reprendre à maintes reprises. Mais personne ne les rejette, peut-être parce qu'ils font partie du contexte, du lieu et de la chaleur. Dans le désert, le premier conseil que nous recevons est de nous protéger du soleil, alors nous obéissons.

On place nos sacs les uns à côté des autres sur un matelas en plastique épais, matelas qui est plié avec un cordage étroitement ficelé et serré.

Un chamelier passe devant moi et me demande si je vais bien. Il s'assied avec un grand récipient en bois entre les bras, y verse de la farine et de l'eau, élément liquide qu'il a puisé dans les réserves pour notre randonnée de la semaine.

Peu à peu, une pâte se forme. Il la pétrit durant un long moment avec ses mains impressionnantes et ses doigts carrés. Il la tourne, la malaxe et l'aplatit jusqu'à qu'elle devienne une épaisse galette. Puis, il la dépose dans les braises et la recouvre avec les cendres et le sable. Il est extrêmement concentré et tous ses gestes sont exécutés de manière minutieuse.

Il s'aperçoit toutefois que je l'observe et me demande avec un accent charmant :

— Comment tu t'appelles ?

— Béatrice.

— Moi, Houssem.

Puis il baisse les yeux sur le pain. Il en ôte les cendres, le saisit à pleines mains et le retourne. Ce fameux « pain » est cuit. Il le retire des braises et le secoue pour que toute la poussière puisse tomber.

Parfaitement propre, il est enfin déposé sur un torchon.

Alors, je me lève et m'éloigne. Houssem s'est déjà, quant à lui, envolé. Le pain a lui aussi disparu et son odeur s'est dissipée.

Je me sens bien seule soudain et émue d'avoir vu cet homme confectionner et cuire une énorme galette comme cela, si simplement, sans four ni outillage et dans le sable.

Tous assis en rond sous la toile, nos assiettes posées devant nous, nous patientons.

Nous allons dîner. Haykel, le responsable de la caravane, va nous servir.

Le pain arrive. Présenté dans une corbeille en osier, en petits morceaux, il brûle entre les doigts.

Houssem a rejoint son collègue Haykel. Les pieds nus, il ne semble pas craindre la présence du scorpion noir qui s'abrite sous des pierres ou dans des terriers toute la journée.

Le sable sous ses pieds s'envole, uniquement.

Un autre des chameliers, le plus âgé des quatre surnommé Ali, plonge trois paquets de pâtes dans de l'eau bouillante, et je m'aperçois à ce moment-là que chacun d'eux connaît parfaitement le planning de ses tâches.

Je remarque également que ces hommes bleus du Sahara décrits comme des individus impressionnants et intimidants sont minces et de taille moyenne. Ils sont en outre modestes et courtois. J'avais lu dans des guides sur la population du Grand Erg oriental que de nombreuses tribus autrefois nomades ou semi-nomades s'étaient stabilisées et converties au tourisme ou à l'élevage.

Je suppose que c'est le cas de ces chameliers qui maîtrisent parfaitement cette fraction du désert pour l'avoir traversée une importante partie de leur vie.
Mais en fait, peut-être que je me trompe, les histoires individuelles peuvent tellement fluctuer par rapport aux livres.

La marche vers l'inconnu, notre périple de cinq jours va débuter et pour la première fois depuis des semaines, peut-être des mois, j'aurai juste à m'émerveiller de ce que je vois.
Je sais que j'ai le temps, que les repas pris tous ensemble autour du feu donneront une saveur nouvelle aux aliments et que les nuits seront fraîches et remplies d'ombres qui glisseront sur la dune.

Sous la tente, il fait chaud. Haykel nous fait face. Dans la grosse marmite posée sur le feu à côté de lui, les pâtes bouillent et l'eau saute partout.

Les uns après les autres, nous sommes servis selon un rituel qui semble important pour lui.

Nous lui faisons passer nos assiettes tandis qu'il plonge sa louche dans la grande bassine.

Chacun apporte des précisions sur la quantité : beaucoup, peu, un chouilla. Et tout le monde rit de cela, même Haykel qui a l'habitude.

Au menu, nous avons droit à des pâtes qui baignent dans de l'eau à la sauce tomate. Tout de suite après, on nous sert une orange juteuse et colorée à souhait et pour clôturer ce repas frugal, un thé tunisien, trop allongé et trop sucré.

Jusqu'à la dernière bouchée avalée par tous les membres du groupe, et après vérification que nous sommes rassasiés, nos guides patientent.

Puis, dans un emplacement qu'ils se sont aménagés à l'écart, ils commencent enfin à manger.

Je pense qu'après le travail physique qu'ils ont fourni, ils doivent être affamés. Ça, je ne fais que l'imaginer. Ma seule certitude, c'est qu'ils sont accueillants, aimables et polis.

Nous sommes partis tout de suite après le repas.

Les caravaniers ont ficelé nos effets personnels et chargé les dromadaires avec différents poids répartis entre eux.

Sur les flancs de quelques-uns, les chameliers ont accroché nos sacs volumineux. Les dromadaires ont tous une fonction bien précise. Certains transportent l'eau et le bois, d'autres supportent toute la vaisselle et la nourriture et enfin d'autres portent les tentes ou nos sacs.

Certains ne sont pas chargés. Ils sont réservés pour nous, les touristes français, au cas où nous serions fatigués de notre marche quotidienne et que nous voudrions monter sur leur dos tout en admirant le paysage qui se déploie sous nos yeux.

Les couvertures sont ramassées. Le périple à travers le désert va pouvoir bientôt débuter.

La caravane se prépare. Une brise se lève.

Je n'ose pas le croire, mes pas,
emboîtent ceux d'un dromadaire.
Je trottine dans son sillage silencieux
et son odeur âcre.

Je suis emportée,
comme soulevée
vers cette palette d'or
qui sature l'espace,
extrême dans ses pleins,
ombrée dans ses recoins,
ondulante dans ses mouvements.

Des grains qui roulent
sous un vent invisible,
sous la patte du temps
et des animaux.

Des particules unifiées
où l'œil s'égare.
Un océan de sable,
de montagnes, de vallons.

J'aurais envie de me réfugier
dans un creux
et de m'enfoncer
dans la chaude profondeur.
Pourtant, je poursuis la marche.

Mais je ne parviens pas
à parcourir la distance
que le désert installe entre lui et moi.

Je n'arrive pas à comprendre
le mystère de l'attraction,
cet envoûtement du rien
ou du presque rien,
la rareté d'une plante grasse,
la solitude du bédouin.

Je relie les points, identiques
et différents à la fois,

assoiffée de jours et de nuits
dans le Sahara sans fin.

Entre membres du groupe, nous parlons peu. Chacun respecte le silence de l'autre et son besoin de vivre pleinement chaque instant pour mieux le savourer.

J'observe tour à tour les chameliers, les femmes et hommes et je constate que même si nous ne sommes pas tous en harmonie, nous avons par contre tous jeté notre masque.

Nous marchons avec légèreté, les traits sont détendus, un sourire de béatitude se fige même sur certains visages.

Le mien est-il épanoui ?

Voit-on sur moi ce formidable bien-être qui m'accompagne depuis le début de ce voyage, cette soif de courir dans le sable, de sentir la liberté des grands espaces sous mes jambes, sous mes pieds ?

Je m'approche de Houssem avec l'envie de rester avec lui, de lui parler. Pourquoi ai-je le désir de sa présence à mes côtés ? Je ne le sais pas vraiment.

Ce que j'ai constaté en revanche dès le premier regard, c'est l'éclat de son visage malgré ses rides et sa peau tannée.

De lui émane une paix, une joie, un dévouement et surtout une douceur intérieure qui le rend beau à nos yeux et nous attire vraiment.

En quelques minutes, je me suis rendu compte que Houssem capterait une bonne partie de mon attention et que cela ajouterait du piment dans mon petit séjour. Durant toute la semaine, il serait mon prince du désert, l'unique personne qui agiterait mes pensées.

À la première question posée, il me regarde sans répondre et me fait comprendre qu'il n'a pas saisi le sens de mes paroles.

Je ne pourrai donc pas communiquer avec lui.

Nous parlerons avec nos yeux.

Les mots ne nous serviront plus à rien, nous nous lirons autrement.

LE DÉPART DE LA CARAVANE

Lorsque j'ai eu connaissance de cette expédition, ce qui m'a poussée à m'inscrire, c'était tout autant l'envie d'écrire tout ce que je voyais ou ressentais que le désir de randonner dans le désert. Quoi de plus captivant pour moi que de noter les multiples rencontres entre les personnes et les lieux, que de parler de mon quotidien et de celui des autres, les gestes, les paroles, les couleurs, la chaleur !
Quel meilleur moyen pour témoigner que de l'exprimer !

Ce voyage n'est pas anodin. À mes yeux, il est suffisamment exceptionnel pour que je consacre mon temps à décrire toutes les journées. En fait, je pense que c'est important de vadrouiller lorsque l'on cherche à connaître autrui, l'étranger, celui qui vit loin, et de déposer nos observations durant le séjour pour en conserver une trace, un souvenir.

Bien entendu, de multiples manières de voyager existent, tout comme la façon d'aborder un récit.

Devant nous, la caravane s'arrête. Tout de suite, beaucoup tombent sur le sable. Moi, j'ai l'intention de faire de cette pause dans notre marche, un espace de relaxation du corps et un moment d'exaltation des sens.

Je souhaiterais prendre le temps
de contempler la nature
et ses variations de couleur.
Ne plus bouger.
Ne plus réfléchir.
Juste absorber comme une éponge
ce que le désert me renvoie,
tout simplement.

Me laisser gagner par la lenteur de l'instant,
la conquérir, et évoluer dans son sillage
pour entrer en osmose avec elle.

Les chameliers somnolent.

Ayant choisi un endroit ensoleillé, ils ferment les yeux et profitent de ce répit dans leur longue journée de travail.

J'observe les autres randonneurs. Dans ce groupe que je côtoie depuis peu, et qui pas à pas me devient familier, beaucoup pratiquent la méditation, le yoga, le végétarisme, l'écriture ou fredonnent des chants sacrés indiens. Certains parmi eux, connaissent déjà cette fraction du Sahara pour y être venus plusieurs fois.

Une des jeunes femmes a même partagé avec nous son objectif de se promener dans différentes parties du désert.

Elle affirme adorer l'Afrique du Nord.

Moi aussi, ce continent me captive, ou le peu que j'en ai vu jusqu'à présent. J'aime être étonnée des choses et de la diversité des êtres qui peuplent cette terre.

Et là, je suis émerveillée, comme je ne l'aurais jamais cru.

La fraîcheur envahit chaque particule d'air, le sable, sous mes doigts, ressemble à du marbre. Domi, ma compagne de chambre à Douz, enfile un pull.
Le soir nous attend et nous avertit : « Couvrez-vous, protégez-vous, les nuits sont humides ici, et si vous n'y prenez pas garde, vous aurez bien froid. »
Le soleil, en rasant de plus en plus les dunes, a déposé sur elles sa couleur orange vif.
Nous ne tarderons plus à nous arrêter et à installer notre campement.

Haykel est aux aguets, il s'efforce de repérer un lieu qui lui convient, c'est-à-dire à l'abri du vent, bien orienté et dans un creux. Je crois qu'il l'a trouvé. Ah ! Non ! Il cherche encore, revient. Décidément, découvrir l'exposition idéale n'est pas facile. Il fait signe à ses collègues et converse avec eux quelques minutes. Le camp se tiendra là. Immédiatement, les chameliers se mettent au travail.

La première des tâches, la plus urgente, consiste à débarrasser les dromadaires de leurs fardeaux. En quelques minutes, c'est chose faite. Ils sont ensuite entravés pour éviter qu'ils s'éloignent dans le désert et se perdent. Seul Houssem leur laisse toute leur liberté.

Nos sacs, toujours emprisonnés dans les cordages ne peuvent guère être récupérés. Le responsable français de la caravane, Dédé, appelle le groupe. C'est l'heure de chanter. Moi, je n'ai guère envie de partir avec eux.

Je préfère me rafraîchir le visage et les mains, contempler nos guides ou les aider à éplucher les légumes pour le plat du soir.

Je ne suis aucunement obligée de collaborer, Dédé nous l'a bien précisé un soir : « Les chameliers sont rétribués pour nous accompagner. Si vous voulez prendre part aux corvées, vous pouvez, sinon, n'ayez aucun scrupule. »

Lui n'hésite pas. Il ne les regarde pas, ne s'en préoccupe pas. Son activité à lui, c'est de faire chanter les participants pour que toutes les voix s'envolent à l'unisson dans la pénombre. Il s'est inscrit à cette randonnée pour cette raison.

La mélodie m'enveloppe, merveilleuse, claire, lumineuse. J'écoute.

De grandes flammes or et vermillon s'élèvent dans l'obscurité.

Plusieurs silhouettes tournent autour de la flambée en tendant leurs bras. Moi, je ne sens pas la chaleur, je la vois.

Au loin les chants, subitement, s'arrêtent ; nous allons pouvoir dîner. J'éteins ma lampe de poche et m'approche. Les chameliers ont réparti des couvertures sur le sable, près du foyer.

Sur les contours, ils ont installé des sacs pour délimiter notre emplacement et nous permettre d'appuyer notre dos. Une grosse marmite, posée sur les cendres, attend que l'on soulève son opercule pour fumer abondamment. À présent, un froid glacial nous transperce, et dans cette nuit réfrigérante, l'endroit devient inhabitable.

C'est un espace trop vaste pour moi et je ne peux guère m'y orienter.

Seul ce point accueillant, chaud et lumineux au milieu des ténèbres vibre et rayonne.

Tout autour, l'immensité m'effraie.

Le groupe, peu à peu, se forme autour du feu. Les mines sont réjouies. Chacun s'assied en soupirant de plaisir, mais la fatigue se peint sur tous les visages.

Une voix me tire de ma somnolence.
Les chameliers nous ont préparé une animation.
Avant même que nous ayons avalé la première cuillérée de soupe, ils proposent de nous attribuer un prénom arabe que nous conserverons toute la semaine, comme une deuxième identité, pour une nouvelle famille. Les uns après les autres, Houssem nous scrute avec son air rieur et joueur et après quelques minutes de réflexions intenses, il nous octroie ce fameux sobriquet. Mon tour est arrivé. Houssem en a déjà distribué huit ou neuf. Il hésite, passe en revue toutes les connaissances qu'il a dans ce domaine, me dévisage et soudain, une lumière fuse et me voilà rebaptisée en Leïla.

♥♥

Cette nuit, j'ai rêvé en bleu,
le bleu qui enveloppe la nuit
dans sa vague en creux,
le creux du lit.

J'ai vu une créature qui se détachait
au milieu des dunes.

J'ai suivi le reflet de ses veines
sur des coussinets céruléens
dans le temps que tu retiens.

Dans les ténèbres, la bulle du songe,
du songe outremer,
au loin m'a emportée.

Au petit matin, je me suis éveillée,
l'Indigo m'a échappé
et l'homme s'est éloigné.

Lorsque j'ai sorti la tête de la capuche bien serrée de mon duvet, la toute première silhouette que j'ai entrevue ne correspondait pas à celle d'un touriste, mais à celle d'un dromadaire. Il semblait observer l'horizon du haut de son long cou noble. Ses pattes frôlaient à peine le sol rosé par la gelée et le soleil levant. Il était seul au milieu des petites collines arrondies et polies par les regards apaisés.

Lentement, je me suis détournée du tableau. À côté de moi, Domi dort encore. Il est six heures du matin, et généralement, à cette heure-là en France, je n'arrive pas à ouvrir les yeux.

Là, l'enthousiasme envahit mon esprit. J'ai hâte de retrouver les chameliers, le feu qu'ils ont déjà allumé, et de franchir pas à pas et une à une les dunes qui paraissent si accessibles en leur présence. Le temps de se laver brièvement avec des lingettes et de m'habiller et je rejoins les plus matinaux du groupe.

Aussitôt, on me fait signe de me servir. Au menu : du pain confectionné comme la veille, je le suppose par Houssem, de la marmelade de coing, de l'huile dans le creux d'une assiette et du thé ou du café. Tout ceci est posé sur la couverture étendue sur le sol. Haykel verse l'infusion dans mon verre. La galette est brûlante et bien moelleuse. La boisson est fade, elle a même plutôt mauvais goût. La graisse, je la laisse de côté.

Une à une, les femmes du groupe plient toutes leurs affaires et viennent nous rejoindre. Elles sont chaudement vêtues, certaines ont en plus conservé leur couverture de la nuit sur leurs épaules. Elles ont les traits tirés et les cheveux hirsutes.

On comprend au silence que chacun apprécie ce premier petit déjeuner après ces températures qui ont avoisiné les zéros. Peu de personnes dialoguent. Je crois que beaucoup ont eu froid et ont peu dormi. Ici, les conditions atmosphériques et le manque de confort ou du moins celui que nous connaissons en France sont à apprivoiser.

Nous ne pouvons guère nous laver, l'eau étant réservée à la boisson et à la cuisine.

Nos besoins, nous devons les satisfaire dans le sable et ce n'est guère pratique. Nous ne sommes pas habitués à de telles conditions de vie, mais chacun, à sa manière, s'en accommode.

Toutes mes affaires sont rangées dans mon sac trop rempli, trop lourd et trop volumineux, je viens de m'en apercevoir.

Nous sommes sur le point de quitter le lieu. Ne manque plus que Houssem. Il est parti chercher ses dromadaires. Ah ! Le voilà ! Au loin, j'entrevois un cavalier qui galope à vive allure sur une monture peu ordinaire.

Derrière lui suivent deux mammifères attachés au sien. Ils balaient le sable qui s'envole autour d'eux.

Le corps du chamelier se soulève fièrement, voltigeant sur la bosse de son amie la bête. Dans sa course, l'animal est souple, aérien, adroit, élégant. L'homme est léger, attendri, affectueux. L'un sur l'autre, ils constituent un spectacle saisissant de liberté. Rien ne peut les arrêter dans cet espace nu, rien.

Il est descendu de sa monture. Dans son visage éclate sa sérénité intérieure. Il se presse à peine, mais sa puissance est telle qu'en peu de temps, les derniers sacs sont chargés et la caravane s'apprête à s'enfouir dans les sables.

Depuis tout à l'heure, un dromadaire m'examine avec un air légèrement désinvolte.

Je fais comme si de rien n'était, vaquant à des occupations inédites : cueillir une herbe, danser sur une musique imaginaire, enfoncer mon index dans les grains, mais une chose me trouble, car son œil ne me quitte pas.

Je m'approche, le défiant de toute ma hauteur, moi qui suis minuscule à côté de lui, toute faible, pas costaud du tout. Lui, par contre, supporte deux cents kilos de charges sur ses flancs, des journées entières sans boire et des touristes sur son unique bosse, et tout cela sans cris ni lamentations.

Je l'observe droit dans les yeux et tire sur sa corde pour lui montrer à qui il a affaire. Je le force à plier ses pattes de devant, mais je n'obtiens presque aucun mouvement. Il ne bouge même pas la queue.

Son refus est obstiné, son regard reste malicieux. Je dois céder. Mais qu'importe, nous sommes partis.

Les uns après les autres, nous nous choisissons un partenaire de route, nous décidons de nous placer en tête de caravane avec Haykel, au milieu avec Houssem ou en bout de file avec les retardataires. Les pas précédents tracent un sillon, la voie est donc ouverte pour presque tous.

Je l'emprunte humblement ou m'en écarte, laissant une empreinte éphémère de mon passage dans un espace vierge.

Nous avons reçu de Dédé la consigne de ne pas parler durant tout le temps de la marche du matin, alors nous nous taisons et cheminons côte à côte en creusant un vide de paroles. J'ai entendu des femmes protester contre cette injonction.

Elles croient que nous réduire au silence ne favorise pas les échanges entre nous et perturbe la communication. Cela est sans doute vrai.

Moi cela ne me gêne pas, bien au contraire.

Ma nature sauvage s'en réjouit.

En fait, je trouve curieux de vivre cette expérience où plus aucun son ne vient troubler ton monde intérieur, où tes pensées n'ont d'écho que ton propre esprit, où tes questions restent sans réponses.

D'avoir à me taire lorsque j'ai envie de m'exprimer m'est aussi quelquefois pénible. Puis le temps passe et se charge de me faire oublier les raisons de mon désir de parler.

Plus rien n'a vraiment d'importance ici.
Seule l'observation des mouvements
imperceptibles et des regards qui se posent
et puis s'enfuient capte mon intérêt.

C'est toute une atmosphère
que la palette de mes mots
n'arrive pas à décrire correctement.
Nous marchons et, de loin,
le désert ressemble
à une immense crème à la vanille
que le vent a autrefois modelée et figée.
Cette crème change de couleur et de texture
au fil de la journée.

Très pâle et légèrement rosée
dans la fraîcheur du matin,
elle se teinte de jaune orangé l'après-midi,
et le soir lorsque le soleil va se coucher,
elle a tellement brûlé
qu'elle est devenue toute rousse.

Toutes ces nuances sont bien plus subtiles
que je ne le relate,
car la lumière arrose des parties de dunes
plus que d'autres
et une brume cotonneuse lèche
quelquefois le tout,
estompant les formes
et dissimulant l'horizon.

Et je me plais à inventer tout ce que mon œil ne peut cerner, tout ce que mon pas ne peut fouler.

Tout ce que je regarde, je le sens, est vu à travers le prisme de mon attirance pour ce paysage ondulant. Tout ce que je raconte semble magnifié et pourtant, c'est une réalité qui se forme et se déforme avec le vent, avec le temps.

♥♥

J'escorte un dromadaire depuis déjà deux petites heures. Je l'oriente à travers les multiples variations de niveau, à moins que ce ne soit lui qui me guide. J'étudie sa manière d'arracher des graminées à chaque halte ou d'écarter les jambes pour uriner. J'observe sa façon de s'asseoir les deux pattes repliées sous son robuste organisme ou de gémir lorsque les chameliers le chargent.

Tout inspire le respect chez ce camélidé domestique indispensable à la survie de la population du désert et au bon fonctionnement de notre voyage.

Peu à peu, mes pieds n'en peuvent plus de la cadence lente de la caravane. J'ai envie de rejoindre Haykel. Je cours, je saute d'une dune à l'autre, puis je m'enfonce dans le sable mou, le corps ployé dans les montées et chaviré dans les descentes. Jusqu'à atteindre mon but. Me voici avec lui, à ses côtés. Fière de mon sprint, je me sens légère.

— Où allons-nous ? je demande.
— Par-là, me répond-il simplement, tout en me montrant du bout de son index un lointain incertain sur notre gauche. Bientôt, nous allons nous arrêter pour le déjeuner, poursuit-il.

Haykel est un homme de petite taille vêtu d'un pantalon en toile grise et d'une veste vert-kaki.

De temps à autre, il porte sur son blouson une tunique blanche tachée, quelquefois il l'ôte et est habillé comme nous, à l'occidentale.

Haykel a les yeux partout, il surveille tout, il est agile et dynamique.

Pas robuste, il ne craint pourtant pas les tâches éprouvantes. Il serre les mâchoires. On le voit souffrir. Quand son labeur est terminé, il s'envole de suite vers un autre avec la même ardeur et retrouve bien vite son expression rieuse qui découvre une bouche pas souvent lavée et soignée. Ses dents sont très abîmées comme celles de la plupart des hommes que j'ai croisés depuis que je suis arrivée en Tunisie. Et pourtant, ça ne l'empêche pas de sourire tout le temps.

Haykel attire la sympathie et l'amitié grâce à sa simplicité, sa douceur et sa bonté.

Tout comme Houssem, son visage témoigne d'une vie paisible et heureuse. Il chuchote quand il parle. Il te demande si tu vas bien chaque fois qu'il te voit, et il est toujours prêt à rire et à s'amuser de tout avec son œil qui pétille du matin au soir.

À ses côtés, dans ce désert qui s'ouvre à nous, j'oublie tout de moi, de mon passé, de mon futur qui m'angoisse quelquefois lorsque je me trouve chez moi, de mes frayeurs, de mes démons. Mes pieds frôlent à peine le sable, je n'ai jamais marché aussi vite.

DANS LE SABLE

À l'approche du coucher du soleil de ce deuxième jour, j'ai vidé mon énergie dans la foulée et n'ai ralenti le pas que lorsque j'ai senti l'épuisement et le froid rouler sur mes épaules. Mon corps tremble, mais je sais qu'après avoir mangé, tout ira mieux, je retrouverai mes forces et ma vitalité.

Sans prévenir, au milieu de l'après-midi, les chameliers ont stoppé la caravane. Dès l'annonce de cet arrêt, tout un groupe de personnes s'est rassemblé sous un arbre maigrelet le *Calligonum*, implanté là par bonheur, et dont la hauteur permet de recevoir un peu de fraîcheur. D'autres voyageurs sont partis à la recherche d'espaces ombragés plus éloignés. À cette heure du jour, le soleil brûle. Nous devons réajuster nos chèches et nous couvrir les bras.

Lorsque je désire resserrer le mien, Houssem vole toujours à mon secours. En quelques secondes, il l'a bien noué et je sais qu'il ne bougera plus jusqu'à ce que je le retire pour la nuit.

Je crois comprendre pourquoi il est si attentionné avec moi. Il m'apprécie, car je les aide volontiers à soulever un objet lourd ou à préparer les repas et à rendre service, parce que pour moi c'est plus naturel et sympathique de participer.

Assise sur une large couverture qu'Houssem m'a apportée dès qu'il m'a vue sous un arbuste à longs et gracieux rameaux, je rêve en contemplant les petites fleurs qui recouvrent chaque branche.

♥♥

Soudain, un homme nu enrobé de sable tombe à mes côtés.

Des grains sont collés sur ses yeux. Ses lèvres sont craquelées, profondément fissurées. Son visage est boursouflé, son corps amaigri. Sa poitrine se soulève avec difficulté, sa bouche laisse à peine échapper un souffle.

Je voudrais le toucher, écouter les battements de son cœur, mais je ne le peux pas, une vitre invisible me sépare de lui. Il dort, mais peut-être est-il en train de mourir.

Une ombre avance derrière la dune, enfle et m'entoure.

Un homme et un dromadaire surgissent.

L'inconnu s'approche de celui qui est étendu et se penche sur lui.

Il s'accroupit, tâte son pouls et relève son buste.

La gourde du mourant semble vide. Il passe son doigt sur le goulot et humidifie ses lèvres.

Il dépose une couverture sur lui. Avec, il entoure son corps. Puis il le soulève, le porte et le confie au dromadaire.

J'appelle, je montre que j'existe, mais ma voix et mes gestes n'atteignent pas l'homme et la bête.
Lentement ils s'éloignent.

Je me réveille et peu à peu apparaissent à mes yeux les petites fleurs blanches de l'arbuste.

♥♥

Toute la nuit, j'ai pensé au rêve.

En fin de journée aussi, autour du feu, lorsque les ténèbres nous ont enveloppés tout entier.

La soirée était pourtant animée.

Haykel riait, Houssem jouait de la flûte confectionnée de manière artisanale en chantant et Eddie tapait sur son instrument de musique recouvert d'une membrane en peau. Tambour lui aussi fabriqué avec des matériaux non industriels.

Des femmes remuaient le ventre en rythme, les autres frappaient dans leur main pour accompagner les danses. L'ambiance faisait oublier aux plus craintifs les peurs liées à l'obscurité, et aux plus réservés leurs inhibitions ou leur timidité.

Les chameliers, dans leur dévouement, ont tout prévu, même nos soirées. Ils nous guident en douceur jusqu'au bout de la nuit.

Alors là, et seulement après que tout le monde est allé se coucher, ils vont eux-mêmes se détendre.

À aucun moment, ils ne laissent apparaître un signe de fatigue ou ne montrent leur lassitude, comme si leurs nombreuses ressources physiques et mentales étaient inépuisables.

Les musiciens jouaient un répertoire assez étendu et la soirée durait. Rythmés, mélodieux, les sons de la flûte nous parlaient et accompagnaient nos gestes et nos pensées.

Mais le sable entre mes doigts diffusait une onde glaciale à l'intérieur de mon corps. Je frissonnais.

Rejoindre seule l'endroit où j'avais déposé mon duvet n'était guère réjouissant, car j'avais perdu tout repère.

Pourtant, là-bas, derrière cette immense colline, mon petit matelas m'attendait.

Allez, courage !

♥♥

C'est déjà le matin et nous sommes mercredi.

Je ne bouge pas. Chaque geste peut faire glisser un pull que j'ai rajouté sur mon buste durant la nuit.

Le son d'un tambour parvient à mes oreilles. Il s'amplifie, il me frôle. Qu'est-ce ? Certainement, l'un d'entre nous signale aux autres qu'il est l'heure de se réveiller.

Des personnes remuent autour de moi, des yeux s'ouvrent, se referment. Je risque une main au-dehors du duvet. C'est très humide. Le soleil s'est absenté. Non ! Je ne veux pas me lever.

Le tambour revient. Cette fois, j'ai compris, c'est Marie. Il n'est que six heures trente, mais c'est l'heure de se préparer. Dans le désert, on doit partir tôt, car notre marche dure jusqu'au soir et nous avons un itinéraire précis à respecter.

S'extirper de sa couette sans offrir la moindre parcelle de son corps à l'air ambiant est un exercice malcommode. Je dois pour cela, et sans qu'aucun de mes membres ne sorte des couvertures, ôter les habits que j'ai mis pour passer une bonne nuit et enfiler ceux que j'ai prévu de revêtir pour la journée.

Mais j'y arrive. Un peu d'entraînement et après plusieurs tentatives, cela deviendrait même aisé.

Une fois de plus, je suis éblouie,
remuée, chavirée.

Je ressens dans ce lieu
qui doit nous mener à la source,
une émotion que je n'avais
jamais éprouvée ailleurs.

C'est comme si une décharge
de félicité m'enveloppait
et un suc se répandait
dans ma moelle.

Puis, il se retirait pour laisser sa place

à d'autres impressions,
plus troublantes et plus déconcertantes :
la conscience d'être impuissante
à tout savoir et à percevoir les choses
dans leur aspect le plus pur.

À apprécier simplement
ce que la nature a de grandiose
et de bienveillante,
à me rendre heureuse dans l'instant,
sans exiger plus,
sans contrariété.

Au milieu de ce désert
qui rime avec mer,
au contact de ce sable douillet au toucher,
à la vue de ces couleurs pastel,
je suis une petite mortelle.

Dans cette splendeur,
je me sens belle,
au milieu de ce calme,
je suis paisible.

Je deviens ce que je contemple.

J'ai oublié le tumulte de la vie,
tumulte qui m'oppresse bien souvent,
la vitesse, le bruit, l'empressement.

Et surtout la violence, la guerre.

Les menaces qui pleuvent
comme autant de rapaces sur leur proie.
Le bien et le mal.

Ici, nous sommes coupés de la société,
pas de radio, pas de télévision,
pas de rumeurs,
nous ignorons tout de l'extérieur.
Nous vivons hors du temps.

C'est un luxe dont je profite,
sachant qu'il sera bref
et que dans quelques jours à peine,
je replongerai
dans le chaos du monde.

À présent, la caravane se met en route. Nous montons le premier monticule, la dune s'affaisse sous nos poids. Nous redescendons, des traces profondes sont creusées. Nous choisissons une crête et puis l'autre.

Bien en dessous, la douceur des minuscules grains orange nous attire. On a comme une envie de rouler. Une fois en bas, les sommets nous appellent. Nous y courons, pédalant dans un sable de plus en plus épais et tendre.

Depuis le début de cette randonnée, des petits groupes se sont formés. Certaines touristes, déjà amies avant cette aventure ont décidé de partir ensemble, d'autres ne connaissent personne, enfin certaines se sont rapprochées selon leurs affinités.

Moi, au départ, je voyageais en solitaire. Depuis, j'ai sympathisé avec Domi et une autre personne. Pascaline, qui habite Paris, est une jeune femme décontractée et joyeuse. Toujours prête à s'amuser ou à danser lors de nos soirées, elle adore les pays d'Afrique du Nord et en particulier le Sahara. Elle désire se rendre dans les zones les plus reculées des pays africains et côtoyer des nomades authentiques. Elle prévoit d'ailleurs de prendre un congé sabbatique de plusieurs mois et de partir pour un long voyage au Niger. Je sais qu'elle réalisera son projet, elle en a la volonté et les moyens.

De leur côté, nos chameliers traitent chacun de façon égale, avec la même attention et beaucoup de politesse. Ils mangent après nous, s'écartent durant les temps de pause, se mettent à notre disposition chaque fois que cela est nécessaire et distribuent des sourires, du thé et des oranges à la fin des repas.

Entre eux, l'affection paraît forte, surtout entre Houssem et Haykel, j'ai pu le constater à plusieurs reprises.

Je savais qu'ils avaient souvent accompagné les mêmes groupes et qu'ils étaient tous les deux des chefs, mais je n'avais pas perçu à quel point ils étaient liés. Jusqu'à ce matin. Les dromadaires étaient chargés, nous étions sur le point de partir. Chacun vaquait à ses occupations, moi je prenais des photos avec mon appareil photo argentique.

Houssem et Haykel s'enlaçaient.

Les visages collés dans une béatitude mêlée de puissante amitié, les chèches s'enroulant ensemble, dansant et tournant sur place, ils offraient aux yeux français une scène rare de complicité simple, sans tabous ni complexes.

Plusieurs heures après, lorsque je me remémore ce moment, je suis encore attendrie, d'autant plus que cette scène paraît être de celle qui engendre de nombreux petits. Les barrières sont tombées, tout ce que chacun refoulait jusqu'à aujourd'hui, les élans d'affection, les désirs, tout éclate au grand jour.

C'est ainsi que j'aperçois une des voyageuses dans les bras de Houssem, que j'en surprends une autre en train de danser un rock avec Haykel et une troisième, main dans la main avec Eddie.

Houssem semble être l'homme qui attire le plus, la moitié de ces dames recherchent sa présence.

C'est un charmeur, ce qui séduit c'est sa douceur.

Toute cette fougue me déconcerte et je m'applique, pour l'heure, à suivre le pas régulier d'un scarabée qui passe devant moi.

Une ombre.

On s'approche, on tente de m'initier à la faune locale en me montrant des traces de pattes laissées dans le sable. J'entends des noms de passereaux, d'insectes et de reptiles. Je les oublie, le vent les a déjà effacés, comme tout ce qui traverse mon esprit.

Des bouteilles en verre ou en plastique et des boîtes de conserve jonchent le côté de la piste que nous suivons.

Houssem freine son dromadaire, me confie la corde et va tout ramasser. Bien souvent, il revient les bras pleins et n'ayant aucun sac à sa disposition, garde avec lui les débris abandonnés par des touristes peu scrupuleux et peu respectueux de la nature. Je vois à son visage tendu lorsqu'il rentre de la cueillette que la préservation de son environnement lui tient à cœur et que ces individus qui souillent le désert l'agacent énormément. D'un signe, il me sollicite pour l'aider à porter les déchets. J'acquiesce, et me voilà les mains chargées de bouteilles sales. Fière, ça me permet de lui montrer que pour moi aussi la protection de ce biotope si fragile est inestimable.

Il me sourit. C'est chez lui une manière de dire merci, c'est une forme de reconnaissance.

C'est le soir, il fait froid. Nous sommes peu de personnes autour du feu. Tous vocalisent dans la dune et leur chant merveilleux parvient par intermittence à mes oreilles. Je me suis assise sur la couverture. J'observe les couleurs qui craquent dans la nuit, et Houssem qui revient avec des branchages. Il dépose son butin dans les braises et s'installe à mes côtés.

J'ai l'impression qu'il s'autorise un temps d'inaction. La flambée captive nos regards. Il approche la plante de ses énormes pieds nus du feu. Les flammes sont aimantées mais ne le brûlent pas.

Soudain, il chuchote en me montrant sa main à la peau épaisse et rugueuse :
— Massage ?
Il désire un contact entre nous.
Pourquoi refuserais-je de le toucher, lui qui aime tant serrer les personnes chéries dans ses bras ? Timidement, je soulève la mienne, bien plus petite, plus fine et plus blanche que la sienne et la glisse

contre sa paume. Nous les observons un long moment, l'une et l'autre en riant du contraste.

Puis il replie ses doigts entre les miens dans un geste de tendre possession. D'une légère pression, il l'étreint. Il la desserre, puis il la resserre. Il pourrait la pétrir, voire l'écraser, mais il la lâche d'un seul coup. Alors, je frôle l'index et le majeur. Je ne peux pas masser cette peau ou plutôt cette corne sans crème. Je laisse pourtant glisser mes doigts, remonter, s'écarter, replonger. Ils déambulent de la paume aux extrémités. Ils effleurent chaque partie en s'attardant. Nous avons caché nos mains enlacées sous la couverture. C'est le silence, c'est la nuit.

Les autres nous ont vus pourtant, ou ils ont senti.

La douceur nous transporte.

Que m'arrive-t-il ?

Ce chamelier aux lèvres pulpeuses et à la peau burinée et sèche comme le désert serait-il parvenu à me séduire ? Cet homme aux coutumes si opposées aux miennes, ce sensible Berbère de Douz pour qui la vie en occident serait un enfer, ferait-il battre mon cœur ?

Mes yeux clignent, attirés par les sculptures du firmament.

La lumière m'envahit, plonge en moi, s'empare de moi, me soulève, me kidnappe.

Au revoir, je m'envole.

MA PHRASE DU JOUR

Est-ce le désert qui rend tout si étrange ?

Ne pas dormir et ne pas se sentir fatigué. Ne presque pas boire et ne pas avoir soif, manger peu et ne pas avoir faim. Oublier l'existence de toutes ces choses qui nous paraissent nécessaires en France. C'est comme si d'être là, dans cet espace hostile dépourvu de tout ou de presque tout nous autorisait à demeurer comme notre premier instant sur terre : nus et en attente de l'essentiel.

Juste pour survivre.

Cette question, qui a germé dans ma tête dès le premier jour, m'apparaît dorénavant clairement. Je sais que mon état d'esprit pourrait changer avec un voyage plus long et plus périlleux. Ou s'il se réalisait dans des conditions extrêmes d'aridité et de solitude comme certains aventuriers choisissent de le vivre.

Serait-il pourtant moins enivrant de laisser glisser entre ses doigts ces grains si fins si mon existence dépendait de la traversée de ce monde asséché progressivement depuis des siècles ?

J'en doute. Et c'est à cela que je pense tandis que je pose mon regard sur l'horizon éclairé par un large éclat de soleil doré.

Je plie mon duvet, quitte le bivouac et me dirige sans réfléchir vers la lumière rosée.

Je m'écarte de la caravane, et sans me retourner, je m'abandonne à la caresse du vent.

Je suis transportée sur des centaines de mètres, tandis que sous mes pieds, le sable coule sur les pentes comme une veine liquide.

J'ai envie de me perdre.

Puis les recommandations de Dédé me reviennent en tête : « Surtout, ne vous éloignez pas, ne prenez pas de risques inutilement. »

Au loin, le campement a disparu. Je grimpe une colline de plusieurs mètres, jusqu'à épuisement.

Parvenue en haut, avant de me laisser tomber dans le sable froid, j'aperçois plusieurs petits points noirs.

Là-bas, on doit m'attendre, peut-être qu'on s'inquiète, qu'on me cherche.

Je suis emportée par la descente. En bas, je guette. Rien. Plus de formes à l'horizon. Je monte un nouveau cordon de dunes, rien non plus, aussi loin que mon regard puisse porter.

Mais si. J'aperçois soudain dans le brouillard une petite silhouette qui ressemble à celle de Haykel. Il vient vers moi. Puis, il disparaît, puis réapparaît. Il joue à cache-cache. Il avance vite. Moi, je peine. Ses jambes sautent dans le sable, je titube. Son visage est tendu, ses traits sont crispés. Moi je souris, rassurée qu'il soit là, près de moi.

À l'emplacement qui fut le nôtre durant la nuit, les traces se sont évaporées. Les tentes, déjà à terre, sont pliées, rangées et les sacs ficelés. Seul le petit déjeuner, oublié volontairement, trône sur le sable.

Dédé est assis en tailleur, sa position favorite. Il médite. Sa grande barbe grisonnante tombe sur son pantalon bouffant. Ses yeux sont fermés, ses poings aussi. Ses deux chèches, le blanc et le noir sont enroulés, comme d'habitude, élégamment.

À mon approche, il soulève une paupière et se lève. Je m'attends à une remontrance, mais non, il ne dit rien.

Alors, je rejoins le reste du groupe, dont les trois Bretonnes : Régina, Pascaline et Domi.

Des papiers de diverses couleurs sont posés sur le sable au centre du rond formé par notre groupe. Chacun en ouvre un, le lit, le replace ou le conserve précieusement dans le creux de sa main.

Regina, psychologue, m'interpelle :

— Tu peux en sélectionner un. Des formules sont écrites dessus. Celle que tu tireras sera ta phrase du jour. Concentre-toi bien pour qu'elle ne soit pas choisie au hasard.

Ce sera toujours le hasard, je pense, en tendant la main gauche vers les messages. Est-ce des maximes, des aphorismes ? je m'interroge, en saisissant du bout de l'index et du pouce une des cartes soigneusement sélectionnées.

Et sans attendre de réponse, je lis :

« La clé de nos possibles réside dans le fait de croire en telle ou telle possibilité. »

C'est celle-là ma phrase du jour, celle qui m'était destinée ?

Celle, qu'en aucun cas, je n'aurais pu contourner ? Oui, c'est elle.

Elle n'est pas signée, ainsi je pourrais rapidement l'adopter et me la répéter régulièrement, comme un mantra puissant qui modifierait ma vie.

Non ! Je vais juste y réfléchir un peu... Tout en marchant.

Les regards s'élancent vers les courbes, qui elles-mêmes observent les étrangers. Que cherche-t-on dans ce ballet de dunes qui défile sous nos yeux ? Dans ces monologues murmurés pour l'autre qui se blottit à nos côtés ?

N'est-ce pas de se connaître d'abord ?

De trouver nos possibles ? D'en ouvrir la clé ?

Et de reconnaître l'homme derrière le visage du mortel qui ne s'interdit rien et qu'une cage ne pourrait enfermer.

Je navigue à travers les dunes, je m'éloigne et suis la caravane, comme un fil tendu sur la crête.

Depuis quelques heures, je n'ai pas vu Houssem, et déjà sa compagnie me manque.

Hier, il se tenait aux côtés de Coralie, la grande et forte Bretonne. Main dans la main.

Ils n'avançaient pas comme tous les couples que l'on peut surprendre dans la rue. Non ! C'était plus théâtral, plus joué, plus enjoué, et destiné à un public absent, donc à personne en dehors de celui qui le vit. Me suis-je fait comprendre ?

J'explique. Tout en marchant, Houssem tendait un bras ferme sur sa droite, la compagne présentait le sien sur sa gauche. Leurs mains se rejoignaient, comme cela, en hauteur. Posées l'une sur l'autre, elles se tenaient et se soutenaient.

Il regardait au loin devant lui sans sourciller, tandis que Coralie avait les yeux cachés par son chèche. Elle avançait donc à l'aveuglette. Et c'est là que la scène prend tout son sens. Grâce à la main du Tunisien qui ouvre le chemin, l'accompagnatrice est guidée à travers le cordon des dunes. Elle vit cette aventure dans le noir, perdant tous ses repères visuels comme les non-voyants.

Cette scène, que je contemplais depuis une colline géante qui surplombait celle où se trouvait le couple, semblait durer éternellement.

C'était immense et fabuleux. Ce n'était plus un employé qui accomplit son dur travail de chamelier, c'était un homme magnifique qui donnait un plaisir unique à une personne qui vient se relaxer dans un lieu évocateur de folles angoisses.

Ai-je remarqué cette scène hier ou aujourd'hui ? Était-ce Coralie ou Clara ? Je ne sais plus.

Pour l'instant, une seule chose m'obsède. Boire. Je rêve d'eau. J'imagine la source, entourée de palmiers aux ramures accueillantes, à la goutte sur ma langue et à celle qui glisse dans ma gorge desséchée.

Je voudrais m'allonger et ne plus rien connaître d'autre que cette sensation.

Mais non, je vais de l'avant depuis des heures, et l'espace, sous mes yeux brûlants, s'offre toujours à moi.

Je n'écoute plus les chuchotements.

Les grains ne roulent plus sous mes pieds. Les étreintes des hommes, des femmes, les rires, la joie : tout cela m'est bien égal.

Marcher m'est devenu laborieux.

Et… que vois-je ? Haykel a arrêté les dromadaires. Des gens s'asseyent, agglutinés sous l'ombre d'un unique arbre.

L'eau des gourdes coule abondamment entre des lèvres, les sourires ressurgissent, des oranges sautent de mains en mains.

Eddie joue avec un petit scorpion. On le dévisage, le souffle coupé. Il pose sa main à plat dans le sable afin de permettre à l'animal de grimper et le laisse escalader son bras. Aucune appréhension n'apparaît dans ses traits, comme si cette bête n'était ni nuisible ni dangereuse.

D'un seul coup, l'habitant des déserts est tombé, et voilà que le chamelier l'embarque à nouveau entre ses doigts, dans le creux du coude, sur ses biceps, là où la peau bien tendre est appétissante. Il joue avec le scorpion, comme nous autres, nous nous amusons avec les coccinelles. Puis il le dépose soigneusement et le laisse s'enfoncer et disparaître sous le sable. La séance choc est terminée.

Nous allons bientôt repartir. Encore deux ou trois heures de marche avant le bivouac.

Mon énergie est revenue. Le jus de l'orange a coulé dans mes veines, dans mon cerveau, dans mes muscles. Je m'allonge à l'ombre. J'attends.

Houssem, qui est venu s'asseoir à mes côtés, entoure ma cheville de ses doigts, tout en posant ses yeux vers l'horizon. Il fait comme si de rien n'était et personne ne sourcille. Sa main parcourt ma peau. Elle s'élève, tourne, s'ouvre, se referme, s'arrête au niveau du mollet quelques minutes et repart sur le pied par petits bonds.

Cet homme tente de m'attirer dans ses filets, c'est certain. Pourtant je sais que Coralie passe ses nuits avec lui, dans son lit. Elle le rejoint tous les soirs tard, et le matin, elle vient chercher ses affaires, son duvet n'est pas froissé. Coralie s'est éprise du chamelier. Elle est ensorcelée. Elle ne le quitte jamais des yeux et ne le laisse jamais tout seul. Dès qu'il s'éclipse, elle scrute l'au-delà depuis la plus haute des dunes, et quand elle en a la possibilité, elle lui prend la main ou l'embrasse.

Elle revendique et défend jalousement sa possession devant nous toutes.

Comme il est venu, il est reparti. Il a lâché ma cheville et a rejoint le reste du groupe. Mais en frottant les pattes de son dromadaire, il m'a souri.

Et là, mes pas glissent dans ceux des autres, sans fatigue, avec élan même.

Toucher le sable est très sensuel. Est-ce ce contact qui éveille les libidos ?

Cette partie du Grand Erg se déroule sous nos semelles comme un gigantesque et tendre tapis de corps bien lisses et bien chauds. Nous nous asseyons sur des seins ronds et pleins, des hanches larges, des fesses rebondies et de longues cuisses.

Ces chairs alanguies protègent leur joyau contre les assauts continuels et conjugués du vent et du soleil.

Mes pieds, chaussés de sandales, pénètrent à chaque foulée le sable, retenant au passage de trop nombreux grains. Je ne vois plus rien, Houssem a caché mes yeux et a pris ma main.

Je sens sa chaleur, son souffle, sa fierté. Il dirige mes pas, j'influence sa conduite.

Un fluide brûlant passe d'un bras à l'autre, je ne peux plus me détacher.

Longtemps, j'hésite. Puis je le lâche, repousse le chèche et peu à peu, je reconstitue le puzzle.

Le Sahara, Houssem, le groupe, cette marche, ce silence. Comme d'habitude, peu de mots et peu de regards sont échangés.

Puis, il ramasse un coquillage fossilisé en forme d'huître.

Il l'époussette et m'annonce : « C'est pour toi. »

DES ÉTOILES ET DES BURNOUS

Bruit sourd autour des tentes. Le tambourin tient son rôle avec assiduité, à l'aube, sans pitié pour les oreilles douloureuses.

Comme toutes les nuits, je n'ai pas dormi, j'ai eu froid, j'ai trop pensé et j'ai écarquillé les yeux. Le scintillement des étoiles qui constellaient le ciel a accaparé mon attention toute la soirée, sans parler du va-et-vient de mystérieuses ombres en burnous qui, tels des fantômes, ont réveillé ma curiosité au petit matin.

Que cherchaient-elles à voir ou à percevoir en s'extrayant de leurs chauds et protecteurs duvets ?

Un au-delà visible uniquement dans les ténèbres, la jouissance d'avoir volé quelques heures à la mort, l'impression de s'imbriquer avec l'univers ?

Je ne le saurai pas, je ne le demanderai pas et mes questions resteront suspendues à des réponses pleines d'incertitudes.

Lentement, les formes ont disparu, laissant dans leur sillage un parfum énigmatique. Mes yeux se sont refermés, cherchant un sommeil impossible à atteindre, et à défaut une sérénité qu'ici, je pouvais enlacer.

Je pensais à hier, car lors de la veillée nous avons beaucoup ri. Une des femmes, Pascaline, a lancé un jeu qui nous a occupés toute la soirée, quelques-unes d'entre nous et Houssem. Nous devions saisir une petite boîte avec la bouche, tout en restant stables sur nos genoux et sans poser nos bras ou nos mains à terre. Comme je pouvais m'en douter, Houssem a participé, encouragé par les voix de chacune. Il est tout d'abord tombé et a finalement réussi à garder l'équilibre. C'est le seul à être parvenu à toucher le récipient. C'était le meilleur compétiteur, le principal même, l'acteur de charme, la marionnette de toutes ces dames.

Je parle d'une marionnette, car il travaille comme trois hommes, et le soir, il trouve la vitalité de sortir sa flûte, de chanter et de danser autour du feu de bois. Tout ceci pour nous amuser et participer aux jeux lors de nos veillées.

Pas satisfaite de tout cela, hier, très tard, alors que l'obscurité enveloppait chaque centimètre de notre espace depuis des heures, une personne a exigé encore plus de lui. Elle désirait se balader dans la nuit, et pour réaliser son souhait, elle avait besoin d'un chamelier.

Elle a demandé tout à coup :
— Houssem, j'ai envie de marcher. Tu veux bien m'accompagner ?
— Non, a-t-il répondu fermement.
— Houssem, s'il te plaît, a-t-elle insisté trois ou quatre fois.
— Non, a-t-il riposté de plus en plus faiblement, avant de céder devant la persévérance de toutes les femmes, qui pour la circonstance s'étaient associées aux supliques de la première.

Quelques minutes après, ils étaient partis.

Je suis restée près du feu avec Haykel et Eddie. Ils ne parlaient pas, moi non plus.

Des dizaines d'étoiles perçaient la nuit, pas très loin. Un instant, j'ai eu envie de courir vers elles. Mais rapidement, je n'ai plus vu que des virgules, puis des minuscules points qui ont disparu les uns après les autres.

Je me suis levée, mais la fumée me retenait. J'ai entendu des brindilles craquer et un chant est sorti doucement de la gorge de Haykel.

Je me suis allongée sur une couverture en laine et ai écouté, les yeux dans les étoiles.

L'ARRIVÉE AU PUITS

Ce matin, tout débute de manière distincte des jours précédents. Nous sommes partis en retard et n'avons pas franchi de distance suffisante pour arriver à temps à l'oasis de Ksar Ghilane.

Nous devons donc accélérer le pas.

Bien que le soleil n'ait pas encore rencontré le zénith, la chaleur nous étouffe et tombe comme une cisaille rougie sur nos têtes blondes et nos peaux trop claires pour une telle lumière. Le sol plat, sans dunes ni sable, ni plantes, mais avec des pierres et des tonnes de petits ou gros cailloux sur des kilomètres carrés irrite nos pieds fatigués.

Rendus sensibles par la randonnée, ils n'en peuvent plus de chercher un itinéraire acceptable parmi tous ces galets.

À vive allure, nous nous dirigeons vers l'unique puits de la randonnée, puits très attendu de tous et surtout de nos chameliers et de leurs dromadaires.

Nous devons presser le pas. Dédé marche la tête baissée, en zigzaguant légèrement, comme s'il avait bu de l'alcool. Les autres, ce n'est guère mieux. Tout le monde titube. On s'est tous emmurés dans notre solitude et on porte tous le chèche de travers.

J'ai envie d'en rire, mais je me retiens. Je transpire et mes avant-bras ne supportent plus d'être brûlés. Je dois poser mon foulard dessus et surtout ne pas trop les bouger.

Nous nous rapprochons du puits. Beaucoup d'ordures jalonnent le sol. Çà et là sont disséminés des pneus, des bouteilles d'eau en plastique, des tôles et des carcasses de véhicules. On se croirait presque dans une immense décharge. Et pourtant c'est un espace essentiel, une place où les routes se croisent. C'est une étape, un lieu de rendez-vous, de répit et un endroit indispensable à tous, hommes et bêtes.

Je suis choquée. Après toute cette beauté, découvrir ça, c'est insoutenable.

Houssem ne regarde pas les détritus. Il doit se sentir impuissant face à cette abondance de déchets.

Lui qui ne supporte pas la moindre saleté sur une dune, je pense qu'il doit être blasé.

Haykel enlève son chèche, et pour la première fois depuis notre départ, quelques-unes peuvent voir ses cheveux, l'humain en entier. Il soulève le seau rempli d'eau et se le verse sur le cou tout d'abord, et sur toute la tête d'un seul coup. Quant à Eddie, il frotte la sienne avec un savon fictif.

Les dromadaires boivent dans le bac prévu à cet effet et on entend leur gloussement de satisfaction. C'est la fête de l'eau qui remonte des entrailles du puits. Houssem m'invite à le rejoindre et à ôter le foulard que dorénavant je n'enlève plus durant la journée. Je coopère.

Tout ce qui peut contenter Houssem me fait plaisir à moi aussi. Je m'assieds sur le rebord du puits et attends, la crinière aplatie, hirsute et sale, la douche qui ne tarde pas à arriver.

En pouffant, il renverse tout le seau d'eau froide sur moi. Je pousse un petit cri, il m'imite.

Puis, il glisse sa main sans savon dans mes cheveux et me les frotte comme s'il me les lavait.

Je suis priée de poursuivre.

Une fois de plus, j'obtempère, mais la nudité de ma tête me gêne, alors, je remets mon chèche protecteur.

Autour de moi, tout le monde s'agite, mais l'on ne discerne aucune impatience.

Les outres sont remplies, les bosses des dromadaires aussi, les gorges des hommes et des femmes sont rafraîchies.

Nous allons bientôt repartir.

L'OASIS DE KSAR GHILANE

C'est notre dernier lever du soleil dans le désert, pourtant aucun d'entre nous n'y fait allusion. Le langage ne sert à rien pour exprimer ce que chacun ressent quand survient ce jour. Cela se respire, se flaire, se hume. Alors que nous allons depuis tôt ce matin vers l'oasis et la source thermale (33°) de Ksar Ghilane, point ultime de notre marche, je sens une métamorphose dans la manière de se comporter des autres. L'harmonie est fragilisée, rompue. Même les chameliers ont perdu leur gaieté et semblent subitement bien épuisés.

Quant à moi, mon estomac se comprime anormalement, mes yeux larmoient, ma bouche se dessèche et des sourires improbables se figent sur mes dents serrées.

Cherche à saisir
la lumière de l'instant.

Frémis comme ces particules
qui volent autour de toi.

Ne laisse pas de traces,
tes pas seront emportés
dans la fluidité de l'espace.

Cette petite formule pleure dans ma tête, car aucun esprit ne peut modifier l'écoulement du temps et ce sentiment bien ancré en moi que les moments précieux sont éphémères. Tout ce que je vis depuis le début de la semaine ne se renouvellera pas dans l'avenir, je le pressens.

Je comprends à présent l'explorateur naturaliste Théodore Monod qui a souvent tout quitté pour retrouver son désert tant aimé ! Pour lui, c'était un appel trop fort, il ne pouvait l'ignorer.

Houssem, tout comme Théodore Monod, est épris de liberté et de grands espaces, ce qui explique en partie ses disparitions pendant plus d'une heure tous les matins.

Que fait-il lorsqu'il s'éloigne si longtemps de nous ? Il vit, je me réponds, ne sachant rien de plus.

Nous sommes de nouveau entourés de dunes élevées qui, si nous risquons à nous y hasarder, favorisent le recul, voire le repli ou le refuge. Nous avons tous réalisé cela, et n'hésitons plus, maintenant que nous ne sommes plus qu'à quelques heures de la civilisation, à nous éparpiller. Le bel agencement de la caravane et l'allure rapide et conquérante des premiers jours ont laissé la place à une jolie cohue.

Au milieu de toute cette débandade, je prends beaucoup de photos. Avec l'appareil, je contourne les innombrables plantes grasses, j'élimine le bruit de fond des voitures qui provient de la piste que dorénavant tout le monde peut apercevoir, et je cache ma tempête intérieure et mon air maussade.

Durant un laps de temps, je persiste à ne regarder que le désert derrière moi.

Je résiste à l'appel du couchant, aux émanations de l'humanité, à la vision de la palmeraie et à son tapis de fleurs jaunes. Je refuse de trouver cette oasis attrayante. Je ne souhaite pas être tentée d'y entrer et encore moins de m'y enfoncer.

Je ne veux pas m'enthousiasmer.

Pourtant, cet endroit me plaît avec ses tamaris, ses dattiers de toutes les tailles, ses arbres fruitiers, son ombre, son herbe verte, et sa fameuse source d'eau chaude. Sophie médite devant les fleurs. Elle se recueille depuis des heures, pendant qu'Eddie et Clara s'embrassent entre deux palmes.

Houssem, lui, confectionne une dernière fois du pain pour nous.

De sable fin et souple, l'endroit est devenu grains tassés, cailloux, végétaux, odeurs, champs, plantations et canaux d'irrigation. Puis, il s'est transformé peu à peu en lieu de villégiature avec campements, tentes bédouines, douches, cafés et boutiques de souvenirs. Les constructions diverses, les chaises et tables en plastique, les touristes, cyclistes, joggers et employés sont venus agrémenter le tout.

Et tout ceci grâce à la volonté de quelques Français impliqués dans le développement de ce lieu durant plusieurs années, m'a-t-on expliqué.

Nous déposons tous nos sacs et provisions sous un palmier majestueux.

Les dromadaires se relaxent à l'ombre tandis que les chameliers sortent, comme à leur habitude, de la nourriture, des plats et des couvertures.

Ils préparent le repas du midi.

Dédé nous explique que nous avons le droit de nous baigner dans la source d'eau chaude si nous le désirons, mais que nous devrons faire vite, car les voitures viendront nous chercher après le déjeuner.

À sa suite, nous empruntons alors une piste large et poussiéreuse que nous longeons sur plusieurs centaines de mètres.

Le soleil brûle cette allée plus qu'aucun recoin de l'Erg franchi ces derniers jours. C'est la fournaise.

En sueur et cuits à vif, nous arrivons enfin à ce qui ressemble à une petite mare ronde. D'un vert émeraude assez soutenu, ses rebords, mal définis, sont creusés dans une terre dure peu avenante. On m'a appris qu'elle conservait la même température toute l'année et que l'hiver, quand il faisait très froid, l'eau fumait à cause des variations atmosphériques.

Des tables et une ou deux échoppes pour touristes entourent la source. Quelques hommes sont assis, d'autres se baignent ou discutent en buvant un thé.

Enfiler un maillot de bain dans ces conditions ne paraît pas aisé. Or, je vois Domi et Nadia sortir de l'arrière-cour d'un café avec leur serviette autour de la taille.

Eh bien voilà ! Ça y est, j'ai mis mon une pièce à l'abri des regards. Pieds nus, je franchis les quelques mètres qui me séparent de cette source réparatrice. Je devine les yeux posés sur mes hanches, mon dos, mes épaules et mes cheveux. J'en suis très gênée.

Mon corps a disparu dans l'opacité, fusionnant avec l'élément liquide dès la première complicité.

Cela m'amuse de ressentir l'eau sur mon corps, d'ébaucher quelques brasses et d'imiter les sirènes dans les ballets aquatiques. Apercevoir des sourires béats, se sentir aérien et agile comme une anguille dans son milieu naturel, tout cela éclipse la fatigue de la semaine et le malaise du départ prochain.

Cependant, la fin se rapproche. Les copines quittent le bain de jouvence les unes après les autres, se rhabillent et reprennent l'allée brûlante du retour.

Oh ! Je n'avais pas remarqué la présence de notre conteur. Et pourtant, il se trouve à côté de moi, il s'est baigné, il s'essuie. D'où peut-il bien sortir ? De nulle part et de partout, comme toujours.

Ce Tunisien me déconcerte.

Il se manifeste toujours de manière insolite. La première fois que nous l'avons croisé, il était dans le restaurant de l'hôtel de Douz. Nous dînions. Il s'est approché des tables, a salué et s'est présenté humblement à nous. Dans son visage, deux petits yeux brillaient, surtout lorsqu'il a commencé à déclamer debout sa légende préférée.

Plus le dénouement se dessinait, plus sa voix enflait, plus ses mains virevoltaient. Alors que j'attendais une nouvelle péripétie, il s'est mis à murmurer des mots inintelligibles durant quelques secondes.

Sa fable était terminée. Autour de notre table, les personnes ont applaudi, tandis qu'il se retirait aussi vite qu'il était arrivé.

Puis, le lendemain, le jour de notre rendez-vous avec les chameliers, alors que nous tardions à partir, le conteur offrait des thés et des cafés en faisant rire les dames.

Au milieu d'une centaine d'hommes, je l'aurais reconnu partout dans les rues de Douz, tellement son allure était raffinée avec sa démarche chaloupée et sa chemise blanche qui contrastait avec sa peau foncée.

Et maintenant, il est encore là, avec moi.

L'AVEU DU CONTEUR

Nous sommes sur le point de quitter l'oasis et j'ai l'intention de profiter de notre longue route ensemble pour en apprendre un peu plus sur lui.

Assez corpulent, mais pas ventripotent, cet homme frise la cinquantaine, constatais-je en observant son profil de moustachu aux joues bien charnues.

Je ne sais pourquoi, je demande :
— Est-ce que c'est possible pour une Française de vivre en Tunisie ?
— Sans difficulté, me répond-il, mais vous devrez trouver un emploi.
— Et quel genre de travail une femme peut-elle rechercher ici ?
— Dans le tourisme. Vous travaillez pour une agence de voyages ou vous créez la vôtre. À Douz,

c'est un secteur qui se développe et on collabore avec beaucoup de Français.

— Ah, oui ! Je suis tentée, j'y réfléchirai, le désert me fascine vraiment, et puis….

Je ne vais pas dévoiler mes divers sentiments à ce collectionneur d'histoires. Je ne vais pas lui avouer que cet homme qui fréquente les dromadaires autant que les femmes a allumé un feu en moi.

Je ne vais pas non plus admettre que l'exotisme et le romanesque m'éblouissent et qu'à mes yeux, l'illusion ne travestit pas la réalité.

Un objet banal ou un personnage ordinaire représentent souvent pour moi des trésors à chérir dès que je les aperçois sous un autre ciel que celui qui frissonne au-dessus de moi.

Tout à ma méditation, j'ai à peine noté qu'il me dévisageait comme un psychologue considère son patient.

Subitement, et après une interruption dans notre conversation suffisamment éprouvante pour avoir senti les aiguilles du soleil me rôtir la peau, il dit :

— Les chameliers sont mariés et ont des enfants, mais ils séduisent toujours une femme ou deux durant les méharées.

— Toutes les méharées ?

— Oui, toutes. C'est devenu un rituel pour certains. Ils plaisent beaucoup aux Occidentales et en particulier aux Françaises.

Me voilà informée, pensais-je, ni surprise ni déçue, mais tout de même désemparée que les manœuvres de nos guides pour nous charmer soient si fréquentes et insignifiantes.

— Quand ils accompagnent un groupe de touristes, ils s'occupent de tout, de la préparation des repas à la vaisselle, mais lorsqu'ils sont avec leur famille, ils n'aident pas leur épouse. Chez eux, ce ne sont plus les mêmes hommes, ce sont les chefs.

— Ils se reposent, c'est normal, je réponds, tout en ruminant les dernières paroles entendues. Non ! Ce que je viens d'apprendre ne modifiera rien à mon opinion. C'est ainsi.

Sur le lieu du pique-nique, en bordure de l'oasis, la tristesse m'enveloppe à nouveau.

Les voitures 4x4 sont arrivées, les portières sont ouvertes, les chauffeurs déjeunent en écoutant avec intérêt le discours d'une botaniste.

Je m'assieds à côté des autres femmes sur la large couverture jaune étendue à terre.

Je participe à la conversation, souris tous azimuts, bois des paroles, m'enivre de la musique jouée par Eddie et Houssem, épie un moineau blanc sur une branche, prends une photo ou deux, me nourris, me désaltère.

Mais rien n'y fait, ce qui me lie à ce lieu et aux personnes ici présentes s'éteint peu à peu.

Je me prépare mentalement à la rupture.

Tout à coup, mon regard est attiré par Pascaline qui tend sa main droite, avec un morceau de pain dedans, vers la gueule d'un dromadaire.

À peine ai-je eu le temps d'observer la manœuvre que nous entendons tous un cri aigu.

La bête a refermé ses crocs énormes sur les doigts de la touriste. Il ne veut plus la lâcher, bien que la jeune femme tire dessus avec force. Ah ! Ça y est, sa main est dégagée. Tout le monde se précipite.

La peau est toute martelée de plusieurs coups de dents, mais ça aurait pu être bien pire, il aurait pu lui transpercer ou dévorer sa main.

L'incident est clos, Pascaline en rit déjà malgré sa grosse frayeur et sa petite pâleur.

Eddie chante et tape de nouveau sur le bidon en plastique qui remplace son « Dabourka » cassé durant la semaine. Houssem souffle dans sa flûte.

Le rythme est soutenu et entraînant.

Les conducteurs des voitures chargent nos sacs sur les toits, comme à l'aller.

Nous, nous virevoltons autour des 4x4. C'est l'heure de l'adieu. Coralie saute immédiatement au cou de Houssem.

Clara et Eddie se retirent, main dans la main. Haykel enlace les femmes les unes après les autres, plus ou moins longuement selon les affinités.

Lorsque c'est mon tour, j'aimerais lui montrer ma sympathie en le serrant fortement, mais je n'ose pas. Je me contente de lui donner une simple accolade suivie d'un sourire affectueux, qu'il me rend d'une façon distraite. Il a l'habitude des adieux, Haykel.

Je dois m'armer de patience pour saluer Houssem, car les dames défilent devant lui les unes après les autres.

Tout à coup, il me voit non loin de lui.

Il franchit les quelques pas qui nous séparent et plonge son regard rieur dans le mien. Il déroule mon foulard lentement et le replace sur ma tête en me donnant un léger baiser. Non satisfait de la nouvelle position de mon chèche, il le déplie de nouveau, m'embrasse en serrant le tissu autour de mes joues et me le remet en couvrant mon visage de petits bisous.

Je grimpe dans une voiture, devant et sur le siège à côté du conducteur tandis que Coralie embarque dans un véhicule sur mon flanc droit.

Il m'a suivi. Il saisit mes doigts et les tient en me souriant.

Puis il se tourne, recule de deux pas, et se retrouve face à Coralie. Il lui murmure quelques mots que je ne parviens pas à entendre. Par contre, je sais que leur adieu ne dure pas longtemps puisqu'il est de nouveau devant moi, qu'il reprend ma main et l'étreint tout en écarquillant les yeux pour me faire rire.

Le véhicule de Coralie se sauve subitement. Nous ne nous lâchons pas. Quelques secondes passent… Et la mienne s'élance elle aussi sur le chemin.

C'est fini. Non ! Ça ne l'est pas !

Houssem se trémousse sur le sable.

Son corps ondule, ses jambes se balancent.

Il danse.

Autour de lui, des bras disent au revoir.

RETOUR SUR PARIS

Dans le charter de Royal Air Tunisie, sur une piste de l'aéroport de Djerba, je me cale contre le hublot et attache ma ceinture. Je n'ai plus qu'à contempler les flocons des nuages que le soleil perce timidement.

Domi mon amie est assise à côté de moi, au milieu de la rangée. Elle m'a vue sortir carnet, stylo et appareil photo. Elle a plaisanté gentiment :

— Encore !

— Eh oui ! L'avion est un endroit propice pour bien avancer dans son récit de voyage, ai-je répondu en riant.

Tout s'est déroulé de manière très rapide depuis notre départ de l'oasis de Ksar Ghilane.

Les voitures ont filé à toute vitesse sur les pistes et entre les « ksour ».

Tout d'abord, nous nous sommes dirigés vers Bir Soltane, puis Beni-kheddache, Métameur et Medenine.

Le lendemain, nous avons repris notre route en direction de l'île de Djerba.

Le chauffeur connaissait parfaitement le trajet et nous désignait à chaque traversée d'un village ses remparts ou ses curiosités.

Ma cuisse et mon épaule étaient appuyées contre les siennes tellement nous étions serrés l'un contre l'autre sur la banquette.

Il ne semblait pas incommodé par cette situation, bien au contraire, il rayonnait.

À l'approche de l'île de Djerba, ce matin, j'ai remarqué de grosses conduites d'eau qui couraient le long de la route sur des kilomètres.

J'ai demandé au conducteur :

— À quoi servent ces tuyaux ? À acheminer de l'eau à Djerba ?

— Oui, m'a-t-il répondu. C'est pour les hôtels et les piscines. Sur Djerba, il n'y en a pas assez.

— Et d'où provient-elle ?
— Je ne sais pas, de là-bas, dans la terre, dans les oasis, dans les puits.

Il a esquissé d'un geste vague la route que nous venions de quitter et s'est de nouveau concentré sur sa conduite.

Hier soir, dans les alentours de Medenine, nous nous sommes arrêtés pour la nuit dans une demeure significative de la région, habitée autrefois par une famille nombreuse et à présent par des groupes de touristes. Dédé a demandé à ce que nous dormions dans cet endroit. Cela n'a pas été facile, nous a-t-il expliqué, car un hôtel était à l'origine prévu ce soir-là.

Ce lieu de séjour et de restauration, qui se confondrait aisément avec les collines de terre ocre-jaune si les portes n'étaient pas peintes pour la plupart en bleu ciel, me ravit pour son côté typique. Accolés à la roche, et creusés à l'horizontale dans le flanc de la falaise, le toit et les murs m'impressionnent pour leur épaisseur indestructible.

Quant aux chambres, cuisines et dépendances, elles forment le pourtour d'une très grande cour.

On accède aux différentes pièces en franchissant tout d'abord une arcade, puis une ouverture naine sous laquelle chacun doit se courber, même les plus petits. À l'intérieur, le plafond, très blanc est voûté et le sol est recouvert de nattes ou de tapis tissés.

Dans celle que je partage avec Domi, deux lits étroits en bois remplissent l'espace. Dans les autres, plus spacieuses, six ou sept matelas sont posés par terre. On ne distingue aucune décoration sur les murs.

À l'extérieur sur les façades, néanmoins, une ou deux esquisses représentent un dromadaire, son chamelier et le désert.

Voilà comment je peux décrire ce lieu.

Comme partout, aucun choc, aucun grondement ni grincement ne vient perturber les esprits.

Au cours du dîner hier soir, des membres de notre groupe se sont plaints du peu d'amabilité de notre guide français. J'ai trouvé cette discussion fâcheuse et n'ai pas eu envie de m'en mêler. Pour moi, peu importe qu'il plaise ou non. Ce que j'ai noté, en revanche, c'est que subitement, j'étais revenue sur terre, au milieu d'individus qu'aucun séjour, dans aucun désert, ne changerait.

C'est ce constat qui a mis un terme à mon voyage, j'en prends conscience maintenant que le décollage est annoncé et que nous reculons sur la piste.

J'entends des bruits d'ailes, des craquements.

Quelques palmes au-delà du hublot fouettent le bleu du ciel.

C'est l'Afrique et ça se sent.

C'est l'envol.

Le soleil tombe sur la mer et s'engouffre dans mes yeux. Je détourne le regard. Il se concentre sur Clara qui écrit et dessine dans un petit carnet. Elle lève tout à coup la tête et me fixe sans me voir. Je lui souris. Elle répond.

Une personne à côté d'elle a posé un mouchoir sur son visage, elle ne bouge plus. D'autres feuillettent un magazine. Ils font abstraction des nuages qui volent autour de l'avion comme des montagnes blanches qui s'unissent au fur et à mesure que nous avançons.

L'île de Djerba a disparu. Le continent africain aussi.

Il y a à peine une heure, nous flânions pourtant dans les ruelles étroites du quartier le plus populaire de Djerba, « Le Houmt-souk ». Nous avions du temps devant nous pour nous balader parmi les boutiques des artisans et dans les antres des potiers.

Afin de profiter de nos derniers instants, nous caressions les couvertures et admirions les bijoux.

Certains frôlaient les étals des marchands de fruits, respiraient les fleurs, les épices et les poissons, quand d'autres contemplaient chaque recoin d'une galerie d'art.

Enfin, un petit groupe était parti se désaltérer ou s'acheter un souvenir.

J'avais envie de m'imprégner du quotidien des Djerbiens, du marché immense et coloré, des parfums de thé, des senteurs d'étoffe et de piment.

De leur musique aussi.

Accompagnée de quelques copines, je sautais d'une placette à l'autre, discutais avec les commerçants et souriais aux passants, jusqu'à ce que l'on me rappelle l'heure du rendez-vous avec les voitures.

Direction aéroport de Djerba où nous enregistrons en quelques minutes nos bagages à soutes et nos effets personnels.

Ici pas de fouilles, pas de sacs ouverts ou éventrés, pas de suspicion de vol.

Nous franchissons facilement, bien plus qu'à Paris, toutes les formalités et les contrôles.

♥

Nous traversons une zone de turbulences. Le pilote nous divulgue quelques chiffres avec son micro.

L'avion vole à 750 km/h, et à l'extérieur, la température est de — 50 degrés avec un vent de face de 200km/h.

À l'écoute de ces données, je suis quelque peu effrayée. Mais bien vite, l'esthétique de l'horizon jaune sable, rose pâle et foncé, vert clair et bleuindigo en lignes fines superposées les unes sur les autres capte mon intérêt et accroche mon esprit.

Les rayons orange descendent peu à peu derrière ce tableau luminescent qu'il a lui-même provoqué, et sa disparition entraîne l'effacement progressif des couleurs et le retour de la nuit la plus profonde.

Je ne peux pas dormir, pas même m'assoupir. Je devine derrière mes paupières closes les traînées rouges déposées par le soleil.

Je me souviens de Nadine allongée sur le ventre, le visage dans le sable. Je me rappelle de Houssem en train de soulever sa galette de pain comme on lève un trophée.

Je revois Régina et Véra tracer des lettres calligraphiées avec un bâtonnet.

J'entends encore les voix qui accompagnaient mes débuts de soirée, en chansons sacrées.

Mes pensées refusent de se calmer, mes oreilles de se taire et mon cœur de battre.

Eh bien, soit ! J'écrirai et ne m'assoupirai pas.

Notre avion a amorcé une descente. À travers l'ouverture, les lumières de Paris nous éclairent.

Dans quelques minutes, je poserai pied à terre, et à nouveau un tourbillon me ballotera.

Je n'en ressortirai pas vivante.

Tout ce que j'ai vu et connu de ce court voyage ne sera bientôt plus que souvenirs. Ce pays de palmiers dattiers, de femmes enturbannées, de mer et de désert, d'hommes bleus et de dromadaires m'a réjouie au plus haut point.

Je suis partie pour sonder ma quintessence et j'ai trouvé des Tunisiens qui aspirent à échapper à l'emprise du soleil, à l'avancée du sable, à la rareté, à l'absence et au manque.

Si proche et pourtant si lointain, mon rêve est en son sein. Toucher ce pays du doigt, le pointer sur la carte et se rappeler la chaleur et l'odeur du pain, la main épaisse, la courbe d'une dune, le silence, les sourires et les danses la nuit.

Lutter contre l'oubli qui me guette. Composer avec le temps qui efface la couleur des gestes, des mots entendus et la douceur des voix.

Se souvenir de cette particule de bien-être et de calme, saveur qui se répandait dans chaque espace de mon être et coulait dans mes veines.

Je suis partie à la recherche de cette saveur.

Je l'ai trouvée dans les murmures du matin, dans la tiédeur du refrain et dans la jouissance de l'incertain.

Table

Dans le Sud tunisien 15

La palmeraie de Douz 27

L'arrivée dans le désert 31

Le départ de la caravane 43

Dans le sable 63

Ma phrase du jour 81

Des étoiles et des burnous 93

L'arrivée au puits 97

L'oasis de Ksar Ghilane 101

L'aveu du conteur 109

Retour sur Paris 117

DU MÊME AUTEUR

- LA VIE CACHÉE DE MINA M. PASSION DANS LES TROIS DIMENSIONS, BOD, 2020

- LE POUVOIR DE LA BAGUE, BOD, 2020

♦

Pour en savoir plus, vous pouvez consulter mon site :

<u>https://passionfrancaisblog.fr</u>

Vous pouvez aussi me rejoindre sur mes réseaux sociaux : Facebook, Twitter, Instagram, Linkedin.

*J'ai vécu trois années dans le Sahara.
J'ai rêvé, moi aussi,
après tant d'autres, sur sa magie.*

*Quiconque a connu la vie saharienne
où tout, en apparence,
n'est que solitude et dénuement,
pleure cependant ces années-là,
comme les plus belles qu'il ait vécues.*

Antoine de Saint-Exupéry